서정시조집

서른 마흔의 노래

최지향(崔智香) 지음

서정시조집

서른 마흔의 노래

최지향(崔智香) 지음

진달래 출판사

시인소개

최지향(崔智香)

본명 최영희
문예연구 시조 등단
수필문학 수필 등단
씨얼문학동인
전국독서새물결모임 평생회원
원창학원 국어교사 정년퇴임
에스페란토 평생회원
에스페란토이름 쟈스민
현재 범진아 할머니

목차

책머리에 ·············· 9
푸른 오월 ················ 13
해남 대흥사에서 ············ 14
유월 넝쿨장미 ·············· 16
등고 ···················· 17
세상이 주는 교훈 ············ 18
하늘이 깨어난다 ············ 20
격포바다 ················ 21
빈말의 이면 ·············· 22
어느 서른하나 ·············· 23
길을 찾아 ················ 24
서른세 살 ················ 26
시모노세키역에서 ············ 27
귀국선에서 ················ 28
달궁계곡 ················ 29
복분자를 처음 보고 ·········· 30

섬은 바다를 거느린다	32
함께 가는 길	34
학비감면	36
탁족	37
어느 겨울	38
나의 길	40
눈	42
배산산책	44
우리집 막내	45
초록 단상	46
바람 세게 부는 봄날	48
눈이 나린다	51
비가(悲歌)	52
봄맞이	53
보라 제비꽃	54
민들레	56
봄비 내린 후	57

느티나무와 오월까치 ····· 58
부레 옥잠 ····· 60
쓸쓸한 봄날 1 ····· 62
쓸쓸한 봄날 2 ····· 64
남해에서 ····· 65
봄날의 히아신스 ····· 66
아기새 ····· 68
유월의 노래 ····· 70
벼꽃 피는 8월 풍경 ····· 72
9월 어느 일요일에 ····· 74
2004, 한반도의 여름 ····· 76
기도 ····· 78
온새미 9월에 ····· 80
봄 없는 봄 ····· 82
명상하며 ····· 84
가을비, 넌 가~~~ ····· 86
더운 여름밤 ····· 87

유월에 ·················· 88
비옴 ····················· 90
불도화 ·················· 91
꽃눈 날리다 ············ 92
오월 ····················· 93
돌고 돌고 돌고 ········ 94
호수 ····················· 96
8월의 바람소리 ········ 97
여름비 내리는 날 ····· 98
봄바람 ·················· 99
마음 ···················· 100
주인 ···················· 101
가을이 우네 ··········· 102
코스모스 ··············· 104
나의 나들이 ··········· 106
문학동네에 들어온 소감 ········ **108**
편집자의 말 ·················· **111**

책머리에

 정년퇴직을 앞두고 지나간 일들을 되돌아보면서 이제는 책으로 엮어야겠다고 생각하며 지인을 통해 E-BOOK을 출간해보았다. 그런데 아날로그 세대인 나에게는 아직도 익숙하지 않아서 다시 종이책을 만들기로 마음을 바꾸었다. E-BOOK "如如自然"(다산이엠북스)은 퇴직 한 달 전에 씨얼문학 동인집에 실린 글을 급하게 타이핑하여 내는 바람에 오타가 많았다. 그런데 이번에 진달래 출판사 오태영 사장님에게 출판을 부탁하면서 나는 과거의 작품을 다시 들여다보면서 한 번 더 수정하였다.
 여기에 실린 작품들은 내가 서른 살에서

마흔 초반에 쓴 작품으로 한 해를 마무리하는 세모에 세종문화회관에서 씨얼문학 동인지 출판기념에 참석하기 위해 틈틈이 써놓은 글들이다. 연말에 동인집을 출판하고 작품을 골라서 시조낭송회를 하면서 발표했던 글들이다. 종이책으로 출판하는 이 책은 동인집 작품에서 실렸던 작품과 글쓰기 초년생으로 문학의 집에 가기 위해 그 집 앞을 맴돌던 나의 초기의 작품, 시조시인 등단 작품도 함께 실었다.

첫 시조 작 E-BOOK "지난날 일들을 돌이켜보니"(2025년. 2월)는 퇴직 이후, 1막을 마무리하면서 내 삶의 이정표가 되어줄 인생 2막을 열기 위해서 묶은 처녀작이다. 지난날 써놓았던 나의 흔적으로, 나의 젊은 날 시조 문학, 수필 문학에 등단한 후, 교직 생활로 혼을 빼던 일상의 짬짬이 속에서 그나마 씨얼문학 동인활동을 하면서 글로 남겨 두었기에 시조집으로 엮어낼 계기가 되었으니, 얼마나 고맙고 다행스러운지….

나는 이제 할머니가 되었다. 나의 딸이 엄마가 되니 나는 자연스레 할머니로 바뀌어 할머니라는 용어가 너무나도 당연한 말이 되었다. 인생이 1막으로 끝나는 줄 알았는데 인생 2막의 시작에 할머니라는 타이틀이 내 마음에 쏙 든다. 내가 그리는 할머니로 살아가리라 다짐하는데 얼마나 기쁘고 옹골찬지 나 스스로 놀랍다. 더 이상 아무것도 하지 않아도 되는 온새미 그대로의 나의 삶, 이대로 살아가도 후회가 없을 삶을 발견하였다고 해야 하나. 날마다 크는 아이를 보면서 살아있음을 희망을 바라본다. 그리고 이 아이랑 희망의 언어, 에스페란토를 같이 공부하리라는 소망이 생겨 더욱 기쁘다.

지금 나는 새로운 세계 Esperantujo에 들어가서, Esperanto 언어를 공부하고 있다.

Universala kongreso de Esperanto(에스페란토 세계대회), ILEJ(Internacia Ligo de Esperantistaj Instruistoj 에스페란토 교육자 연맹) 대회에 참가하였고, 올해 2025년 7월에는 발트 3국에서 주최하는 BET 대회가 리투아니아에서 열려 이 대회에 참가하여 공부하고 왔다. 현직에서 일하던 지난날에는 여름방학을 하면 바로 달려가는 세계대회 참여가 나의 시야를 깊고 넓고 밝게 열어주는 통로가 되었다. 세계대회 참여를 하면서 유럽 아메리카 아프리카를 넘었으니, 앞으로 10여 년 동안 나는 중동, 남아메리카까지 참여해서 우리가 사는 지구, 오대양 육대주를 밟아가는 여정을 진행할 것이다.

2025년 9월에

최지향 JASMENO 올림

푸른 오월

사알사알 불어오는 초여름 바람에는
등나무 아카시아 향내가 묻어있다
이맘도 바람에 실어 내님에게 보내리

푸르른 오월에는 찔레꽃 넝쿨장미
보랏빛 라일락 등나무꽃 피어난다
두눈을 꼬옥감고서 그 향기에 취하리

〈계간 문예연구, 가을호 통권10호, 1996년〉

해남 대흥사에서

두륜산 봉우리서 흘러내린 골짜기들
한줄기 어우러져 너부내 되었던가
계곡을 이루었기에 너부내라 일컬었다네

소나무 단풍나무 벚나무 배롱나무
아홉숲 구림리(九林里) 긴봄동리
　장춘동(長春洞)
십리길 해묵은 노목(老木) 나무터널 이루네

남단에 불쑥 솟은 그 모습 한듬이라
한자어와 섞어쓰니 대듬이라 불렀다네
나중에 그 이름부르기를 대둔이라 했다네

유식한 이 다시 일러 두륜이라 개칭하고
그 이름 또 사정 있어 대둔사는 대흥사로
한듬절 본뜻을 잃고 세월만이 무상하네

시조도 풍류가사도 고루고루 갖추이신
그이름 윤선도라 호는야 고산이라네
금쇄동 가락괴 멋을 자연처럼 읊었지

*〈계간 문예연구, 가을호 통권10호, 1996년
신인상 당선작〉*

유월 넝쿨장미

햇살이 붉어지는 유월의 아침에는
뜰앞을 가득 메운 송이송이 꽃송이들
줄장미 줄잇는만큼 향기도 불어난다

한송이 또한송이 연달아 꿈결처럼
가버린 봄님찾아 다못견딘 서러움이
오뉴월 빛난 햇살로 꽃줄기로 피어난다

〈계간문예연구, 가을호 통권10호, 1996년〉

등고(登高)

마음이 울적한 날 기운이 갈앉는 날
고요한 길을 따라 소나무 단풍나무
밤나무 갈참나무가 섰는 산에 오릅니다.

이른 봄 연분홍꽃 진달래 피어있던
그 길을 따라서 한 걸음 한 걸음씩
생각에 깊이 잠기어 나 오늘도 오릅니다.

관념의 번뇌 벗어 가슴 펴고 하늘 보며
황토땅 밟으면서 한없이 산 오르면
흥건히 땀에 젖어도 상쾌한 기분 만점

내 삶이 오늘처럼 산 오를 수 있다면
하늘과 나무 친구 그들로 족하면서
눈물도 가슴 아림도 넘어설 수 있어요
〈신서정 22집, 지울수 없는 이름, 1999년〉

세상이 주는 교훈

저이는 저이대로 당신은 당신대로
이렇다 저러하다 구구히 무성한 변(辯)
그속에 뒤섞어있는 우리들은 껍대긴가

새달이 시작되면 또다른 생각으로
차분히 계획하고 예산도 산정한다
쌓이는 세월을 지내며 얻어가는 지혜인가

지난달 외식비가 너무나 많았었지
이달은 한가하게 머리로 살았다가
새달은 아주 멋지게 여행이나 가보자

어느 한 스님께서 난초(蘭草)를 기르는데
몹시더운 그 어느날 山門을 나서다가
난초를 떠올리고는 다시돌아 왔다네

앉아서 생각하니 그것은 아니될 법
분을 들고 나가서 누구엔가 주었다지
그후로 가고자하면 나설수가 있었다네

<계간 문예연구, 가을호 통권10호, 1996년>

하늘이 깨어난다

태양이 솟아나는 그곳에 우리 가자
칠흑이라 안보이는 무명의 물상들이
황금의 광명 속에다 두렴없이 몸 던진다

어두움 스르르르 녹아나는 미명에는
하늘이 깨어난다 생명이 움터나고
밤내내 오느라 지친 물상들이 한숨쉰다

동녘하늘 구름 동무 아름다이 물이들면
새들도 깨어나고 나뭇잎 춤을 추고
물상들 제모습 찾아 서로 인사 나눈다

〈계간 문예연구, 가을호 통권10호, 1996년〉

격포바다

출렁이는 푸른 물결 그 안에 담겨 있는
수평선 너머에 있던 감춰진 이야기가
한무리 실타래풀리듯 술술술술 나옵니다.

아름다운 채석강이 널려있는 격포바다
얼마 전 위도를 떠난 여객선 침몰하여
동동동 발을 굴렀지요, 너무너무 애처로워

일몰을 바라보던 어느 해 덥던 여름
이태극 선생님의 시조 낙조 떠올리며
하섬에 들어가려고 통통배를 기다렸죠

〈신서정 22집, 지울수 없는 이름, 1999년〉

빈말의 이면

내 만약 당신이라면 편안히 앉을거요
나에 대해 누군가가 별의별 말을 해도
내마음 가고픈 곳은 다른 곳에 있어요.

언젠가 그 언제부터 다른 이들 말에 대해
그대로 들었어요. 들어오면 오는대로
하나로 모으다보면 들어와도 나가대요.

남의 단점 찾아내어 말하기 즐기는 이
할 일 없는 한량들은 심심해서 그럴걸요
그러니 우리는 말할 때 좋은 말을 하게요.

무의미한 빈말 접고 진실을 말하게요
모든 건 나에게서 비롯이 되니까요
세상이 반짝이도록 아름답게 말해요.
〈신서정 22집, 지울수 없는 이름, 1999년〉

어느 서른하나

어머니 아버지는 어서 결혼하라고
날마다 짓눌러도 마땅히 마음 닿는
한사람 나타나지 않는 서른한 살 괴로워

자기 영역 어설프고 버티자니 힘에 겨운
서른한 살, 막막하고 희망있어 더 힘겨워
차라리 두 눈 질끈질끈 꼬옥 감고 싶어라.

스물아홉 당당하던 그 패긴 어딜 가고
방황하는 친구 보며 더 살기 어려워라.
가자니 터덕거리고 괴로워라 서른하나.

〈신서정 22집, 지울수 없는 이름, 1999년〉

길을 찾아

군중은 끊임없이 우상찾아 나선다
자기의 본래모습 인정치 아니하고
다른 곳 무엇이 있다고 허상 좇아 다닌다.

자기를 응시하면 본체가 보이는데
드러나는 그 모습이 사실은 두려워서
밖에서 찾으려하니 보일 리가 있나요

내 안에 있으니까 다알 수 있는데도
내면은 보지 않고 밖으로만 바라보니
어떻게 보일수 있나요
   모두가 다 안에 있는데

소중한 내 안의 모습 세상의 출발 지점
이제는 용기있게 한발한발 걸어 나가
주어진 그 길을 찾아 부지런히 갑시다.

〈신서정 22집, 지울수 없는 이름, 1999년〉

서른세 살

내 어렵던 서른세 살, 다시 돌려 본다면
다시 살기 어려워서 돌아가지 않을 거요
다 알지 못하면서도 모두 안다 생각했죠

올라가 앉았으면 세밀히 안보여요
내려와 이것저것 둘러들 보시지요
더 높은 봉우리들이 얼마나 많다구요

내 작은 산에 갇혀 그것이 전부인양
참 작게 살았어요, 쉽지가 않았어요
이제는 내려와 있어보니 참참참참 편해요

〈신서정 22집, 지울수 없는 이름, 1999년〉

시모노세키역(下關驛)에 도착해서

배에서 내리면 연결되는 항구와 배
하나로 이어져서 한 살이 돼버리네
한방울 비도 안맞고 하관역에 들어갔네.

모든 것 제자리에 정갈히 정리가 된
하관역 첫인상은 깨끗함 정갈함
하선해 걸어나오는 길 이제 방금 닦은듯해

하관역, 시모노세키 항구도 너무 말끔
편안한 의자에서 홍차와 커피 마시면서
그리운 아이들에게 국제 전화 하였네

〈신서정 22집, 지울수 없는 이름, 1999년〉

귀국선에서

거대한 쇠붙이배 바다를 헤쳐나가
출렁이는 물결 따라 부산을 향하였다.
한여름 일본살이를 다 마치고 돌아온다.

새벽 내내 정박했던 여객선이 움직인다.
부산에 도착하니 쭉쭉 솟은 아파트촌
일본서 돌아와보는 부산항의 모습들.

작은 배들 태극기 달고 쌩쌩쌩 달려간다
카페리호 여객선보다 통통배 타고가면
바다를 더 생생하게 실감할 수 있을까.

〈신서정 22집, 지울수 없는 이름, 1999년〉

달궁계곡

연사흘 후덥지근 구슬땀이 줄줄줄줄
뻥뻥뻥 일상 돌다 여름방학 하자마자
시원한 계곡이 있는 지리산을 찾아왔다.

수정처럼 맑은 물빛 시원하고 부드러워
두 발을 다 담그니 온몸이 개운하다.
한참을 앉아있으니 무더위도 도망간다.

여기선 심원계곡 노고단에 가깝단다.
차를 타고 달린 여독 오늘 밤에 풀어내고
낼 새벽 노고단까지 꼬옥 올라 보련다.

〈신서정 22집, 지울수 없는 이름, 1999년〉

복분자를 처음 보고
- 지리산에서

복분자 술 먹으면 아침에 뒤끝 없고
요강이 엎어질 정도로 정력이 세진다 하니
붉으레 담겨진 술이 이상했다 괜시리.

그런데 오늘 아침 달궁계곡 오르다가
줄기로 이어지는 산딸기 열매 보며
예쁘고 너무 귀여워 즐거움이 샘솟았다

까맣게 익은 딸기 한 입에 넣어보니
달콤한 그맛이란 무엇과도 비교 못해
눈감고 음미해보니 뽕나무의 오디맛

세월이 지났건만 잊지 못할 오디의 맛
깊은 산 지리산골 달궁계곡 산책하다
찾았네, 어린시절맛 줄산딸기 복분자로.

〈신서정 22집, 지울수 없는 이름, 1999년〉

섬은 바다를 거느린다.
- 고군산 열도 선유도에서

신선이 놀다간 섬
고군산 열도 선유도
어린 바위 늙은 바위
한 살에서 백살까지
다 모여
바다를 거느린
천혜절경(天惠絶景) 선유도(仙遊島)

수평선 저~너머
하늘 속에 들어가서
세속을 다 잊은 듯
느긋이 홀로 앉아
바다를

다 품고 있는
절대고독(絶對孤獨) 섬이여!

땅은 모두 파아란 물
바다 밑에 숨겨두고
성난 파도 세차게
아무리 떼를 써도
덤벼봐
하고픈대로 해
내 있을 곳 여긴걸

〈신서정 26집, 바람의 노래, 2003년〉

함께 가는 길

인생은 나그네길
어딘가를 향해 가는 것
가다가 만나는 이
예정된 게 아닐 걸세
내곁에
함께 가는 이
이 얼마나 소중한가

있어도 가야하고
없어도 가야하네
길고긴 여행길을
그대는 어쩌려나
내 곁에

있어주는 것
그것으로 충분하지

한사람 생각보다
두 사람이 함께하고
혼자의 기쁨
나누면 기쁨 두배
삶이란
맛이 있다네
나눌수록 행복해

〈신서정 26집, 바람의 노래, 2003년〉

학비 감면

나라가 어려우니 아이들 형편들도
갈수록 빡빡하다, 부모님 실직으로
아이들 수업료 못내 안타까운 나날들

부모님 이혼으로 어머니와 함께 사는
허약한 현이에게 3분기 학비 감면
기쁘고 고맙기도해라 함께 일한 이선생님

우연히 도서관일 얘기하다 가현이의
참으로 딱한 형편 이선생 통해 알게 되어
돕겠다 신청해주어 내가 더욱 기뻤다.

기쁨은 나눌수록 더더욱 즐거웁고
아픔은 나눌수록 자잘하게 쪼개진다.
세상은 더불어살 때, 삶의 의미 살아난다.
<신서정 22집, 지울수 없는 이름, 1999년>

탁족(濯足)

호르는 강물 속에
발 담가 보셨나요
무더운 여름 한낮
물속에 발 담그는
탁족(濯足)의
시원한 즐거움
한번 느껴 보세요

첨벙첨벙 물이 튀면
마른 발엔 언짢지만
자꾸자꾸 튀기다보면
재미가 솟아나요
물놀이
좋아하는 아이들
이해할 수 있어요
<신서정 26집, 바람의 노래, 2003년>

어느 겨울
- 태국에서

겨울에는 눈이 오는게 너무나도 당연했다.
하지만 태국의 겨울이 나에게는 여름이었다.
보는자 바라보는자로서 마음 아픈 태국 여행

겨울은 움츠리고 안으로 파고드는
  계절이었다.
하지만 방콕은 겨울에도 드러내는 곳이었다.
미소로 시선을 끌어내는 여인들이 많았다.

한번에 모든 것을 볼 수는 없으리라
역사를 알아야 하고 환경을 이해해야
그곳의 본래 모습을 알 수가 있을 게야

여자를 유희로 길들인 동물들을
한자리 앉은 채로 보고 또 보는 것은
첩첩첩 죄가 느는 것 두 번 다시
  안보고 싶어

다 늙은 남자들이 아주 어린 소녀들을
인형처럼 데불고 다니는
  구역질나는 방콕 파타야
사람의 도(道)를 잃어버린 짐승같은 인간들

〈신서정 26집, 바람의 노래, 2003년〉

나의 길

흰눈이 펑~펑~ 올겨울 최고의 눈
온세상 하이얗게 백설의 나라됐네
오가는 차량도 멈춰버린 은백세계 아침나절

눈으로 갇혀 있어 한 자리 지키는
오도가도 못하겠네, 여기서만 살아야지
오갈 수 없는 곳에서 나 자신을 지켜본다.

멈추고 싶어해도 멈추지 못하는 삶
앞으로 계속계속 바쁘게 가느라고
방향은 제대로 맞추어 여기까지 밀려왔나

발길이 가는대로 밀리면 밀리면서
이리로 혼들혼들 저리로 비틀비틀
나 없이 지금 여기에서 무엇을 하고 있나

가녀린 하얀 눈이 내리고 쌓이어서
오도 가도 못하게 되니 지나온 길 돌아보네
이제는 내 갈길을 찾아 그 길 따라 걸으리

〈신서정 26집, 바람의 노래, 2003년〉

눈

가볍고 부드러운 눈이
가녀린 눈이 나린다
저 먼 하늘에 티끌 같은 먼지들이
지상에 와서는 하얀 눈이 된다.
운동장
너른 바닥이
하이얀 융단을 깔았다.

나목의 나뭇가지
마른 풀잎 위에도
가느다란 눈이 쌓여
흰옷을 입혀준다.
그대로
흩뿌려놓아도
멋진 장식 절로 된다.

하이얀 스프레이 뿌리어
크리스마스 트리 장식하듯
지상에 놓여있는
대상에다 제 마음껏
멋대로
내려 뿌리어
온갖 모습 나 그린다.

<신서정 26집, 바람의 노래, 2003년>

배산 산책

평평한 너른 평야 평지에 솟아나온
익산시 허파되는 배산에 올랐어요
상쾌한 솔내음 맡으며 한발한발 걸었죠

부드런 흙길 따라 한참을 걷다보면
어릴 적 보아왔던 눈에 익은 나무와 풀
들떠서 바쁘게 보내는 일상이 부끄러워

쭈욱 뻗은 소나무들 제자리만 지켜도
배산을 산다웁게 만들어 놓았어요
은은한 솔향 맡으며 산 품속에 안겨본다

이렇게 가까운 곳 자연 속에 들어가서
소나무 측백나무 떼죽나무 바라보면
마음이 평화로워져요, 도심 속 배산에서
<신서정 26집, 바람의 노래, 2003년>

우리집 막내

여덟살 우리 막내 우리집 제롱둥이
어제는 언니오빠 옷사고 있는데요
자기옷 안사준다고 떠나갈 듯 울었대요

언니와는 일곱 살 오빠와는 네 살 터울
나이 차가 많아서 어린이 옷 없는 옷집에서
귀여운 우리집 막내 자기옷을 사달래요

울어도 이쁘구요 화를 내도 어여뻐서
온가족 웃으면서 서로 안아 준답니다.
제오빠 등에 올라타고서 메뚜기도 된대요.

〈신서정 26집, 바람의 노래, 2003년〉

초록 단상

자목련 하얀 철쭉 앵두나무 자두나무
매화꽃 진지 오래 초록 매실 커나간다
설도화 송이송이꽃 향기 진한 큰 모란꽃

우거진 느티나무 입터나는 감나무잎
굼실대던 봄산들이 초록으로 진해지면
황연두 은행나무잎 벌써 노란 물 나오나

채송화 붉은 줄기 황초록색 잎새보면
꽃색이 잎줄기에 그대로 나타난다.
꽃들은 씨앗에 이미 색이 들어 있는가봐

빨간색 초록색 채송화 줄기보면
생명은 태어날 적 그 인에 놓아 두고
황토와 결혼해 살면서
  꽃필 날을 기다리나봐요

<신서정 26집, 바람의 노래, 2003년>

바람 세게 부는 봄날
- 까치는 집을 지어요

나목의 느티나무 가지 위에
까치가 앉았어요
작년에 남아 있던 까치집을
열심히 보수하고
바람이
세게 부는 봄날에도
부지런히 집을 지어요

매서운 부리로
나뭇가지 날라다가
이리로 가져다 놓고
저리로 맞추어 가며

집짓기
여념이 없어요
바람세게 부는 날에도

지난해 지어진 집
느티나무 위 높다란 집
봄바람이 불어와
나뭇가지 건드리면
꽃잎이
피어나면서
느티나무에 봄이 옵니다.

느티나무 꽃이 피고
잎새 커지는 동안에
까치는 집을 짓느라
꽃 감상할 틈이 없어요
꽃망울
보지도 못한 채
봄날들을 다 보내요.

까치집 완성되면
느티나무 꽃은 지고
푸르른 잎새들로
까치집 가려지면
까치는
잎새 속 까치집에서
아기새를 기다립니다.

4월은 까치부부
무~~척 바쁜 시절
알을 낳고 알 품으며
아기새를 기다립니다.
푸르른
오월이 되어
귀여운 아기새가 지저귈 그날

〈신서정 27집, 길을 가다가, 2004년〉

눈이 나린다

가늠할 수 없는 가벼운 것들이
하늘에서 수없이 밀리어 나려온다.
메마른 나뭇가지 위, 상록수 잎새 위에도

맥없이 창문에 붙어서서 창밖을 바라보면
머리도 맑아지고 탄성이 터져 나온다.
무게도 지니지않고 흩날리는 하이얀 눈

잠시 동안 그쳤다가 다시 또 쏟아지면
어느새 나무 위엔 하이얀 옷 입혀지고
온세상 깨끗한 눈나라 내맘에도 눈나린다.

〈신서정 26집, 바람의 노래, 2003년〉

비가(悲歌)

며칠째 계속계속 슬픈 노래가 들려옵니다
지금도 창밖에는 주룩주룩 비가 내립니다
가슴에 슬픔의 강물이 흘러흘러 갑니다.

참깻단 세워놓은 우리엄마 마음에도
슬픔이 강물처럼 밀려밀려 옵니다.
털어낼 참깻단 속에서 싹이 나고 말았답니다.

〈신서정 27집, 길을 가다가, 2004년〉

봄맞이

무던한 겨울 나무 칙칙한 가지에도
느긋이 꿈을 꾸던 산자락 언덕에도
따스한 봄기운들이 퍼지기 시작합니다.

가없는 봄바람이 세차게 불어오면
산나무 죽은 나무 가림없이 봄맞이
하지만 산 나무라야 생명들이 움터납니다.

가지에 돋는 새싹 가녀린 순이지만
추운 겨울 다 견디어낸 대견한 생명입니다.
봄바람 불어오는 날 환영하며 봄맞이

<신서정 27집, 길을 가다가, 2004년>

보라 제비꽃

우리 학교 정원에
보라 제비꽃이 피었다.
마른 잔디만 있었던 곳에
언제부터 무리지어 피어난 꽃송이들
어느새
한쪽에서는
애달프게 시드는 걸.

꽃송이 다섯 장에
기다란 목을 하고
꽃잎에 새겨 있는
잠자리 날개 무늬
나빈가
잠자리인가
보드란 보라 꽃잎

가녀린 봄꽃은
어여쁜 봄의 꽃은
이제 오나 하였는데
어느새 가버린다.
화창한
햇살 받으며
오래 있질 못한다.

봄빛은 강렬해서
꽃색도 바래는가
금새 피었다가
어느새 가버린다.
봄날이
아름다운 건
길지 않아서 그런가

〈신서정 27집, 길을 가다가, 2004년〉

민들레

잔디 위에 피어오른
노오란 민들레꽃
어찌해야 하는지 몰라
잎사귀는 바닥에 엎디었지만
너무나
알고 싶고 궁금해서
꽃대를 기린처럼 내어 밉니다.

열네개 꽃받침을
든든히 받치고
별처럼 흩어지는
수많은 꽃수술 안테나
샛노란
희망을 품고
봄하늘 아래 피어납니다.
<신서정 27집, 길을 가다가, 2004년>

봄비 내린 후

비온 후 맑은 햇살은
생생한 어린 아이 웃음소리죠
밤사이 봄비가 소리없이 내리더니
마른 먼지 말끔하게 청소하고요
억세고
딱딱한 굳은 땅을
마술로 부드럽게 반죽하지요

늦가을 열매주는 과실수들
기지개를 펴며 천천히 잎 내밀고요
봄과일 만들기 바쁜 살구 복숭아 자두
일찌감치 화려한 꽃을 피웠다가 진지 오래
자연은
제모양대로
나다운 모습 펼쳐내지요
〈신서정 27집, 길을 가다가, 2004년〉

느티나무와 오월까치

푸르름 번져가는 산뜻한 오월이여
풀잎에 맺힌 이슬 닮은 영롱한 시절에
눈부신 햇살 받으며 황금빛 잎새로
  단장을 한다.

온종일 나다녀도 기분 좋은 초록 오월
잎새에 가리우고 자기들 세상 만들어
새끼랑 온가족 모여 잎새 속에 숨어
  사랑 나눈다.

느티나무는 어디에 저 많은 초록들을
다 넣어 두고 있었던 것이었을까
저토록 푸르른 잎새들을
  어디에 숨겨 두었던 걸까.

모내기 하려고 가두어 놓은 무논에
어린 백로 해오라기 새끼새들이 나온다.
5월에 태어닌 세들이 바깥 구경을 하나보다.

우리 학교 교정에도 까치 새끼 태어나서
아기 새 한 마리가 나무 밑에 떨어졌다.
맘고운 열아홉살 인화가 가슴에 품고 와서
우유를 머여 나무 아래 데려다 놓았다.

아기새 보고 싶어 오월 내내 들여다보려해도
잎새에 가린 까치집 보이지 않아 답답터니
호기심 많은 아기까치가 내 소원을 들어줬다.

아기새 어찌될까 어미새 운동장을 빙빙 돌며
깍깍깍 소리치며 아기새 주위 맴을 돈다.
아기새 내어놓으니 까치 부부가 데려간다.

<신서정 27집, 길을 가다가, 2004년>

부레 옥잠

보라색
최고 극점

부드럽고
순결한 꽃

하루피고
사라지는

부레옥잠
꽃이여

자연이
있는 그대로

내려앉아
있는 꽃

〈신서정 27집, 길을 가다가, 2004년〉

쓸쓸한 봄날 1

하급반 교과서 시에 나오는
쓸쓸한 봄날이 피부로 가슴으로
　절절히 전해온다

화창한 햇살 삼월의 밝은 햇살을
운동장에 가득가득 쌓아두고

응달의
교실에 앉아 있는
이 쓸쓸한 봄날

희망의 봄날들을
제대로 만끽할 봄날

아이들에게 진정한 봄이 오기를
마음 깊이 기원해 본다.

열아홉
꽃송이들, 미래의 어머니들의 쓸쓸한 봄날이
화사한 봄날로 다가오기를
  마음 속에 담아본다.

〈신서정 28집, 소리의 그림자, 2005년〉

쓸쓸한 봄날 2
- 입시지옥 고3 아이들과 함께

꿈꾸어본다.

아이들을
자연으로 데리고 나가
자운영 꽃밭
논에 피는 독새풀
언덕에 필 뻘기
하양 보라 제비꽃
보여주고 싶은데

연두빛
느티나무 잎사귀
저리 곱게 펼쳐지는데....
<신서정 28집, 소리의 그림자, 2005년>

남해에서

해사랑 전복죽은 미조항에서 아침밥
소라 게 아구 낙지 공판장의 활어들
물건의 방조어부항 나무숲이 아름다워

창선교 멸치 잡는 죽방렴은 진풍경
물따라 들어오는 자연산 고기잡이
사진을 찍으러 온 진풍경, 사진작가 행렬들

<신서정 27집, 길을 가다가, 2004년>

봄날의 히아신스

봄날 피는 히아신스
그 향기 아시나요

별처럼 모여 앉아
한무리로 피어나죠

커다란
한송이 통꽃으로
방안 가득 향기로 채우지요

수십개 꽃별들이
정답게 둘러 앉아

입에다 손을 모으고
와아아아 봄이라고 외쳐요

봄 오면
향기로 달려나오는
하양 분홍 파랑 히야신스

힘차고 당당한
선명한 튤립이랑

땅속을 뚫고 나온
노오란 수선화랑

졸졸졸
흐르는 개울가
보송보송 갯버들 모두모두 봄친구

〈신서정 28집, 소리의 그림자, 2005년〉

아기새

모내기 하려고 가두어둔 무논에는
어린 백노 해오라기 아름다운 새끼새들
오월에 태어난 새들이 바깥구경 나온다

작년 이맘때도 아기까치 태어나서
아기새 한 마리가 나무 밑에 떨어져서
열아홉 소녀가슴에 안겨 우유먹여 내보냈지

아기새 보고 싶어 느티나무 지켜봐도
잎새에 가린 까치집안 들여다 볼 수 없어도
호기심 많은 아기새 밖으로 먼저 나와준다.

아기새 어찌될까 어미새는
  하늘 위를 비잉비잉
깍깍깍 소리치며 아기새 주위 맴을 돈다.
아기새 운동장에서 호위받으며 놀고 있다.

〈신서정 28집, 소리의 그림자, 2005년〉

유월의 노래

유리 그릇 제격 찾고
열무 김치 맛이 좋은
태양의 계절 여름이 왔어요
무더위 시작되는 여름이 왔습니다.

논에는 물이 가득
모내기가 끝이나고
꽉 찬 무논에 심어진 모 사이사이
아기백로 여기저기 몰려 다녀요
야산엔
베이지색 밤꽃이
피어나는 유월입니다

물외 참외 호박모가
일일신 우일신하여
부쩍부쩍 자라나고
쑤욱쑤욱 줄기 뻗고

분바른 복숭아
보드랍고 달콤하고
찐감자 옥수수
소쿠리에 담아와서

온식구
둘러앉아서
바람을 맞는 유월입니다.

〈신서정 28집, 소리의 그림자, 2005년〉

벼꽃 피는 8월 풍경

팔월엔 초록색 너른 논에
연두 초록 벼꽃 핀다

벼도 꽃피느냐 묻는 이 있던데요
벼도 꽃이 핀답니다.

팔월의 무더위 속에서
꽃이 피어 나옵니다.

황금들녘 꿈꾸면서
삐죽이 꽃대를 올리고는

더위가 강할수록
열매는 더 잘 크는 꿋꿋한 식물

영롱히 영글어지면서
알찬 황금의 나라 꿈을 꾸지요.

⟨신서정 28집, 소리의 그림자, 2005년⟩

9월 어느 일요일에

일요일이 없다면
일만하고 살아간다면

쉬는 날 기약도 없이
일만하는 삶이라면

하늘은 언제 우러르고
땅은 언제 바라보나

오늘은 하늘이 파아란
9월의 일요일

몸과 맘 편안하고
하늘 땅 열려 있네

가을날 아름다운 바람도
향기가 나는 것 같아

어휴 더워 입에 달던
여름을 견뎌내고

하던 일 멈춤 없이
무사히 마치었고

일요일 한가히 쉬는 것은
일하며 살아온 것의 대가

<신서정 28집, 소리의 그림자, 2005년>

2004, 한반도의 여름

사계절이 뚜렷하고 삼한사온 온대기후
이전에 배웠던 것 이제는 아닌가봐
더운게 여름이긴 하지만 이렇듯 더웠던가

매미는 한낮에만 우는 줄 알았는데
늦은밤도 새벽에도 울어 예는 매미떼들
올해가 매미 많은 핸가
　7년마다 오는 그 해인가

유독히 매미소리 요란한 이 여름날
열대야가 계속되니 정신이 혼란하다
할 일은 많은데 머리 속이 휘엉휘엉

기름 한방울 나지 않은 이나라에
  에어컨 종일 가동
춥도록 온도 낮추고 밖으로 열기를 쫓아낸다
온도를 적정 온도로 맞추어도
  또다시 내리는 사람들

〈신서정 28집, 소리의 그림자, 2005년〉

기도
- 하선(夏禪) 어느 신앙인의 강연 중

내 마음 참나가 되어
법신불 일원상과 함께하는 소중한 시간

내 아이가 평범하게
살아가기 간절히 원하는 시간

하늘을
뚫는 서원이라야
아픔은 아픈 만큼 공부심도 깊어지는 것

어차피 이 삶은 돌아가야 한다.
하심불(下心佛)로 바라보면서

그 아이들이 마음껏
춤을 추고 놀 수 있도록

한알의
밀알이 되어
내가 없는 삶으로 살아갈지니

<신서정 28집, 소리의 그림자, 2005년>

온새미 9월에

청자빛이라 하였던가
쪽빛이라 하였던가
한반도 9월 하늘을
높음과 그윽함을
무어라 말해야할지
말 그대로 언어도단

한들한들 불어오는
알뜰한 가을바람
기운을 돋구는
상쾌한 바람맞이
머릿속 그 안에까지
온전하게 꿰뚫는다

열매가 영글도록
소리 날 듯 내리쬐는 가을 햇살
가을비 내린 후에
재촉하는 가을 채찍
빛으로 과실 익히는
말그대로 온새미[1]

〈신서정 29집, 가던길 잠시 멈추고, 2006년〉

---

1) 가르거나 쪼개지 않은 생긴 그대로의 상태

봄 없는 봄

봄, 4월 봄이 왔는데 어디에 꼭꼭 숨어 있나
아름답고 화창한 봄 네 모습이 보고 싶다
여름이 더오기전에 봄맞이를 해봤으면

새벽에 집을 나서서 어둔 밤에 돌아가는
빙빙빙 도는 세상 벌써 4월 다 가는데
아직도 겨울옷 입고 사는 잔인한 4월이여

한낮에 잠깐 나와 자기 모습 보여주고
꽃잎으로 보여주다 서둘러 져버리는
봄꽃은 진실한 삶이 짧다는 것을 알려주는가

많은 이들 입을 모아 희망의 봄 뇌어싸도
꿈엔 듯 스쳐가는 서러운 봄날이여
영원히 잡을 수 없는가 꿈결같은 봄이여

〈신서정 29집, 가던길 잠시 멈추고, 2006년〉

명상하며

라벤다향 등불을 켜 두고
촛불에 불 밝힌 후 향을 사루고

온몸을 바르게 하고
자리를 정제하고 다리를 접고

새벽에
차분히 앉아
고요함에 잠긴다

오늘 하루 시작하며
생기있게 살아야지

보은하고 감사하며
사랑하고 아끼면서

가슴을
크게 펴고서
멋지고 당당하게 살아야지

〈신서정 29집, 가던길 잠시 멈추고, 2006년〉

가을비! 넌 가~~

가을비 너는 그만 가, 참깨를 털어야 해
고추도 따야하고 수수 콩 들깨
  싹나면 안되거든
이렇게 너무나 자주 네가 찾아오니
  이를 어쩌냐

마지막 남은 결실 하나라도 거두려면
청량한 가을햇살 한줄기가 더 필요한데
가을비 넌 어찌하라고 자꾸자꾸 오는거냐

좀 참았다가 매서운 겨울에
펑펑펑 눈으로 내리면 좋을텐데
가을비, 이제 너는 겨울날 함박눈으로 오거라.
〈신서정 28집, 소리의 그림자, 2005년〉

더운 여름밤

태풍이 지나가고 장마가 온다더니
후끈한 더운 기운 어휴 더워 연발한다
조그만 에어컨 앞으로 모여드는 중생들

문 열고 나서며는 더위 더위 달려들고
잠시만 걸어가도 비오듯 흐르는 땀
아직은 칠월중순인데 팔월에는 어이할꼬

〈신서정 29집, 가던길 잠시 멈추고, 2006년〉

유월에

유월에 유월에는
내가 내가 나무 된다
유월에 밤꽃피면
뻐꾸기 울고울고
내 맘은
남은 봄 보내고
새여름을 맞는다

모내기 끝나가면
밤꽃은 피어나고
지천에 피어있는
귀여운 개망초꽃
그늘에
앉아있으면
바람바람 시원해

모내기 끝난 논은
희망의 들녘이라
초록의 부드런 융딘
짙푸름이 겹쳐간다
백로랑
노랑부리황새랑
무논에서 노닐다

〈신서정 29집, 가던길 잠시 멈추고, 2006년〉

비옴

장마가 온다고
푹푹푹 찌는 더위
이렇게 비오려고
더운 바람 몰려왔나
비오니
서늘한 기운
아주아주 상쾌해

여름에 비 오려면
덥고 후덥지근하고
찜통에 앉아 있듯
끈적끈적 답답워라
굵다란
빗줄기보니
기분 좋게 시원해
<신서정 29집, 가던길 잠시 멈추고, 2006년>

불도화

·
·
·

·
·
·

오월에

별꽃무덤처럼

풍성하게 피는 꽃

<신서정 29집, 가던길 잠시 멈추고, 2006년>

꽃눈 날리다

분홍꽃
바래어서
꽃눈 되어
날리다

봄사월
부는 바람이
꽃들을
시샘는가

보드란
분홍색벚꽃
꽃눈 되어
날리다
〈신서정 29집, 가던길 잠시 멈추고, 2006년〉

오월

오월이 왔습니다
푸르른 오월이
무디고 더딘 봄이
오시는가 하였는데
어느새
초록잎새와
더불어서 왔습니다.

굼실굼실 일어서는 산
오월산이 움직입니다.
봄비가 올 때마다
커져가는 푸른 산
녹음은
새집을 가리고
새끼들을 기릅니다.
〈신서정 29집, 가던길 잠시 멈추고, 2006년〉

돌고 돌고 돌고

오늘은 내가 도는 날
야간 자율학습 감독을 하고
심야 자율학습 감독도 한다
아이들이 학교에 남아 있으면
마음이 뿌듯한 부모님들 안심하고
아이들은 아침부터 밤 늦게까지
책상에 앉아 문제집을 풀고 또 푼다.

아이가 딱딱한 책상에서
하루 종일 앉았어도
걱정없는 어느 보호자들,
아이들은 감독하는 눈을 피해서
이야기 삼매경에 빠지고 싶어
이리저리 자리 옮기며 장난을 치고
화장실로 정수기 곁으로 느릿느릿
힘없이 시간을 늘리면서 오간다

편안한 집을 나와 하루종일 학교에서
무엇을 위하여 대입 입시 투쟁을 하며
버스도 끊기는 깜깜한 늦은 시간까지
대낮처럼 불 밝히는 새천년 대한민국 학교
20년 전에도 그랬고 어제도 그랬고
오늘도 변함없이 진행되는 야간 자율학습

그냥 가는 대학은 공부 안해도 모셔가고
원하는 대학은 줄을 서서 기다리고
산처럼 높고 높고 너무나 멀고 멀고
학부모가 먼저 돌고 아이들이 따라 돌고
그 뒤를 교사도 따라 돌고
돌고돌고돌고 돌아야하는 세상
날마다 돌고돌고돌아가는 오늘
오늘은 내가 심야 자율학습 감독까지 하는 날

〈신서정 29집, 가던길 잠시 멈추고, 2006년〉

호수

산등성 나무 사이 풀잎사이 흙길 지나
낮은 곳 낮은 곳으로 흘러흘러 내려와서
한곳에 모두 다 모여 세상사연 쌓인 곳

바람이 불어오면 바람결 따라 일렁일렁
물고기 뛰어올라 물속에 숨으면
  둥근 파문 번지면
마음이 요란한 사람도 고요하게 만드는 곳

물위에 살짝살짝 윤슬이 아름다워
실같은 햇살줄기 호수 위에 반짝반짝
밤하늘 은하수 물결 이 세상에 내려왔나

〈씨얼문학 33주년 기념선집, 신서정 30호, 2007년〉

8월의 바람소리

바람으로 참나무 잎새 뒤집혀
  하얗게 소살대더니
온밤 내내 숲 속에선 물결소리 일렁인다
자잘한 잎새들끼리 온몸으로 나부낀다

동녘에 밝은 여명 황금빛 피어나고
숲속은 아침에도 바람이 출렁출렁
풀벌레 울음소리까지 어울려서 울어댄다

메뚜기 찌르레기 풀무치 여치 망치
왕매미 참매미 너무 울어
  바람 잠시 그치더니
또다시 재잘거리는 참나무의 잎새들

〈씨얼문학 33주년 기념선집, 신서정 30호, 2007년〉

여름비 내리는 날

참나무 줄참나무 우거진 잎사귀들
도토리 푸르게 여기저기 달려 있다
지난밤 바람소리에 도토리는 또 컸을까

오늘은 주룩주룩 여름비 내린다
비 오려고 간밤내내 바람결 잎새소리
풀벌레 울음소리와 맞추는걸까 화음을

〈씨얼문학 *33주년 기념선집, 신서정 30호, 2007년*〉

봄바람

따뜻한 기운과
차가운 기운이 만나
바람이 생겨나면
생명이 용트림하며
대지를 일으켜 깨우니
그게 바로 희망인가

살아 있는 나무라야
새봄을 맞이하고
살아 있는 가지라야
생명의 움이 트고
따스한 봄바람을 맞아
온생명이 깨어난다

〈씨얼문학 33주년 기념선집, 신서정 30호, 2007년〉

마음

물이 흐르듯
세월이 흐르듯
억지로 끌고 갈 수도
붙박아 매어 둘 수도 없는
한곳에 머물지 않고
흐르는 게 마음이라

〈씨얼문학 33주년 기념선집, 신서정 30호, 2007년〉

주인

궂은 일 힘든 일
도맡아 하는 사람
젖은 길래 돌고
더러운 곳 닦아내어
전체를 책임지는 사람
죽어가는 것 살리는 사람

〈씨얼문학 33주년 기념선집, 신서정 30호, 2007년〉

가을이 우네

가을이 가버렸네
은행잎 노오랗게
물들기 시작터니
첫눈이 와버렸어
겨울이 서둘러와서
슬퍼하네 가을이

나무에 주렁주렁
열렸던 익은 사과
간밤에 내린 눈에
꽁꽁꽁 얼었구려
어쩌나 저걸어쩌누
소용없네 울어도

구석지로 몰려가서
울고있는 가을이여
빠알간 단풍잎이
노랗게 물든 잎이
살살살 다독인다해도
추워지는 가~을

〈씨얼문학 33주년 기념선집, 신서정 30호, 2007년〉

코스모스

가을꽃 코스모스
이제는 철도 없어
한들한들 흔들려도
쉽게 쓰러지지 않아
어릴적 추억 가져다주는
여리지만 귀여운 꽃

꽃이름 코스모스 코스모스 부르면서
여덟장 별꽃모양 꽃을 보고 있으면
웃음이 배어나고 기분도 좋아지고
보고픔 새록새록 돋아나는 이쁜 꽃
바람결 부드러움을
간직한 순수한 꽃

하얀꽃은 신비롭고
분홍꽃은 어여쁘고
진분홍은 요부같고
어울림은 합창같은
가을을 모두 벌려 놓은
상큼하고 멋진 꽃

<씨알문학 33주년 기념선집, 신서정 30호, 2007년>

나의 나들이
- 씨얼문학 동인 행사 참가

서울을 향하여
오르내리던 시절들

처음 온게 엊그제 같은데
십년의 세월이 흘러갔네

경복궁 맞은편에 있던
문예출판회관에서 처음 문을 열었지

전라도에서 서울역까지
가을 열차 멀리 타고서

씨얼동인작품 세세히 느끼며
서울로 가는 씨얼문학 낭송행사

가을을 배경으로 온몸에 가아득 담고
일년을 늘 점검하는 아름다운 나의 여행

〈신서정 28집, 소리의 그림자, 2005년〉

문학동네에 들어온 소감
- 종이책으로 엮으면서 다시 한번
지난날을 되돌아본다.

종이책 시조집을 엮으며 씨얼문학 동인들이 생각난다. 씨얼문학 동인 활동을 하지 않았다면 나는 이렇게 책을 내지 못했을 것이다. 우리 문학동인 원용문교수님, 이청화스님, 박상문교수님, 김석철선생님, 김광수선생님, 이영지교수님, 김종원선생님, 김민정선생님, 신현필선생님께 감사의 마음을 전한다.

그리고 나에게 글쓰기를 처음으로 안내해주신 박항식 교수님, 논문지도를 해주신 이상비교수님, 공부의 길을 직접 보여주신 유재영교수님, 해마다 신춘문예로 우리의 보람이 되었던 양귀자 박범신 안도현 선배님, 그리고 동기 이정하는 나를 처음으로 동인활동으로 안내를 했다. 그때는 문학동네를 오가며 그 집 앞을 맴맴 돌던 시절이었다. 학사를 마치고 사설시조로 석사논문을 쓰고 나서, 원용문 교수님이 시조를 직접 쓰라며 지도를 하시어 나를 시조작가로 등단을 시켰고, 씨얼문학 동인으로 안내를 하여, 내가 젊은 날 글을 쓸 수 있도록 해준 고마운 어른이시다. 더 공부를 하고 싶어서 이런저런 여건으로 하고픈 아동문학은 하지 못하고, 이상비지도교수님의 전공인 문학사 논문으로 방향이 돌려지면서 이상보 교수님을 만나는 행운을 얻게 되었다. 이상보교수님은 나에게는 공부의 아버지로 풍류가사를 골라내고 글로 엮어내도록 지도를 하시어, 나를 더 크게 키워주신 분이었고 박사학위논문 지도가 끝나자 이제는 수필을 쓰라며 작품쓰기를 재촉하여 나를 수필문학에 등단을 하게 이끌어주셨다.

  하지만 인문계 고등학교 교사가 되면서부터 일간지 신문기자처럼 문제풀이로 맴맴 돌다가 십여년이 넘게 글쓰기를 잊어버리고 살다가 도서관 업무를 하기위한 연수를 계기로 전국독서새물결모임과 인연을 맺게 되어 평생회원이 되어 활동을 하게 되었다. 또 다시 책과 글하고 관련된 활동으로 독서토론과 문학을 나의 정체성으로 받아들였다. 독서와 문학은 나의 삶이 되었고 학생들과 소통을 하고 교감을 하는 즐거움으로 동료교사들과도 활동을 하였고, 일터에서 보람을 찾아 문학교사로서 퇴직을 하게 되었다. 이렇게 나의 인생 1막을 보내고, 나는 이제 인생 2막을 열었다.

편집자의 말
- 삶의 흔적을 따라 피어난 문학의 향기

 어떤 책들은 단순히 읽는 것을 넘어, 그 페이지를 넘기는 행위 자체가 한 사람의 삶과 숨결을 고스란히 느끼게 하는 경험을 선사합니다. 십수 년의 세월을 뛰어넘어 마침내 종이책으로 세상에 나온 이 서정시조집은, 작가님의 문학적 여정뿐만 아니라 인생의 희로애락이 고스란히 담겨 있어 읽는 내내 깊은 감동과 공감을 자아냅니다.
 시인이자 수필가로서, 그리고 한편으로는 교사로서 치열한 삶을 살아오신 작가님의 발자취는 이 책의 곳곳에 아로새겨져 있습니다. '주인'이라는 시에서 느껴지는 궂은일과 힘든 일을 마다치 않고 "전체를 책임지는 사람"의 모습, "죽어가는 것 살리는 사람"의 따뜻한 시선은 작가님이 걸어오신 인생의 한 단면을 보여주는 듯합니다. 학교 현장에서 학생들과 소통하며 문학으로 교감했던 시간, 도서관 업무를 통해 독서와 문학을 자신의 정체성으로 받아들였던 모습에서 우리는 타인을 향한 헌신과 더 나은 세상을 만들고자 하는 작가님의 진심을 엿볼 수 있습니다.

'가을이 우네'와 '코스모스' 시에서는 계절의 변화 속에서 피어나는 아련함과 생명의 경이로움, 그리고 어린 시절의 추억이 섬세한 필치로 그려집니다. 특히 "쉽게 쓰러지지 않아", "여리지만 귀여운 꽃"이라는 코스모스에 대한 묘사는 작가님의 강인하면서도 순수한 내면을 반영하는 듯하여 더욱 인상 깊습니다. 가을이라는 시간과 코스모스라는 존재를 통해 삶의 아름다움과 소중함을 노래하는 작가님의 시선은 독자들에게 잔잔한 위로와 깊은 사색의 시간을 선물합니다.

또한 '나의 나들이'를 통해 씨얼문학 동인 활동의 추억을 더듬는 부분에서는 작가님의 문학적 뿌리와 성장의 과정이 생생하게 다가옵니다. 서울과 전라도를 오가며 문학적 열정을 불태웠던 젊은 날의 모습, 문학 선배들과 동료들에게 보내는 감사와 존경의 마음은 이 책이 단순한 개인의 기록을 넘어, 문학 공동체 속에서 함께 피워낸 아름다운 결실임을 증명합니다.

"문학동네에 들어온 소감"이라는 글은 이 책의 가장 핵심적인 부분 중 하나일 것입니다. 종이책으로 자신의 시조집을 엮으며 지난날을 되돌아보는 작가님의 진솔한 소회는 독자들에게 깊은 울림을 줍니다. 씨얼문학 동인 활동을 통해 시조 작가로 등단하고, 수필 문학에까지 발을 넓히게 된 과정, 그리고 잠시 글쓰기를 잊고 살았던 시간들을 거쳐 다시금 독서와 문학으로 돌아오기까지의 여정은 한 편의 드라마와 같습니다. "독서와 문학은 나의 삶이 되었고 학생들과 소통을 하고 교감을 하는 즐거움으로 동료교사들과도 활동을 하였고, 일터에서 보람을 찾아 문학교사로서 퇴직을 하게 되었다."는 고백은 작가님의 삶이 곧 문학이었음을 보여줍니다.

이 책은 단순히 한 개인의 작품집이 아닙니다. 이 책은 한 영혼이 겪어온 삶의 굴곡과 그 속에서 피워낸 문학적 성취를 통해 우리 모두에게 삶의 의미와 문학의 가치를 되묻게 합니다. 작가님의 펜 끝에서 탄생한 글들은 때로는 위로가 되고, 때로는 깊은 성찰의 기회를 제공하며, 때로는 잊고 있던 순수한 감정을 일깨웁니다.

저희 출판사는 이 책을 독자 여러분께 선보이게 되어 더없이 기쁘고 영광스럽게 생각합니다. 작가님의 인생 1막의 아름다운 마침표이자, 인생 2막의 찬란한 시작을 알리는 이 책이 많은 독자들에게 깊은 감동과 영감을 선사하리라 확신합니다. 부디 이 책이 독자 여러분의 마음속에 오래도록 기억되는 소중한 문학의 향기로 남기를 바랍니다.

시인 오태영(김딜래 출판사 대표)

서른 마흔의 노래
인   쇄 : 2025년 9월 11일 초판 1쇄
발   행 : 2025년 9월 18일 초판 1쇄
지은이 : 최지향(영희)
펴낸이 : 오태영
출판사 : 진달래
신고 번호 : 제25100-2020-000085호
신고 일자 : 2020.10.29
주   소 : 서울시 구로구 부일로 985, 101호
전   화 : 02-2688-1561
팩   스 : 0504-200-1561
이메일 : 5morning@naver.com
인쇄소 : ㈜부건애드(성남시 수정구)

값 : 10,000원
ISBN : 979-11-93760-37-6(00810)
ⓒ 최지향
본 책은 저작자의 지적 재산으로서 무단 전재와 복제를 금합니다.
파본된 책은 바꾸어 드립니다.